LA POSSIBILITÉ PROUVÉE PAR LES FAITS

6 Milliards de Capital

300 MILLIONS DE PENSIONS AUX OUVRIERS

LETTRES A M. THIERS

PAR

J.-P. SCHMIT

Auteur du *Catéchisme de l'Ouvrier*.

Prix : 25 cent.

PARIS

GARNIER FRÈRES, LIBRAIRES-ÉDITEURS

Palais-National.

1850

LA POSSIBILITÉ PROUVÉE PAR LES FAITS.

6 Milliards de Capital

300 MILLIONS DE PENSIONS AUX OUVRIERS

LETTRES A M. THIERS

PAR

J.-P. SCHMIT

Auteur du *Catéchisme de l'Ouvrier*.

PARIS

GANRIER FRÈRES, LIBRAIRES-ÉDITEURS

Palais-National.

1850

A MONSIEUR THIERS

—

Ire Lettre.

Monsieur,

Le grand nombre de vérités utiles contenu dans le beau rapport que vous venez de faire à l'Assemblée nationale, au nom de la commission de l'assistance et de la prévoyance publiques, fait d'autant plus regretter les quelques erreurs qui ont pu s'y glisser à votre insu et plus encore les désolantes conclusions qu'elles vous ont arrachées. Est-ce en effet une *chimère*, une *immoralité*, une *extravagance* que l'idée de préparer une retraite à l'ouvrier pour ses vieux jours sous forme de pension? La société est-elle réellement impuissante à essayer ce moyen d'adoucir la misère des classes laborieuses? et : IL N'Y A RIEN A FAIRE, cette traduction adoucie du *lasciat' ogni speranza* de Dante, est-il bien le dernier mot qui doive sortir d'une Assemblée élue, après une révolution et l'établissement d'une République, par le suffrage universel? Est-il même possible de le prononcer?

Votre rapport, monsieur, répond : Oui, à toutes ces questions, excepté la dernière, qu'il n'a pas abordée et qui est assez grave, assez menaçante même, pour appeler l'attention d'une Assemblée nationale et d'un homme d'Etat.

Vous avez une grande expérience des affaires politiques, devant laquelle je dois m'incliner avec humilité. Je les connais assez aussi cependant pour oser dire que les préoccupations politiques ont peut-être un peu trop, sous la monarchie, détourné l'attention des hommes qu'elles absorbaient, des questions sociales. De là est venu que le pouvoir, empêché à peu près exclusivement à maintenir l'ordre extérieur dans la rue, à prévenir ou à déjouer les complots, restait sourd au travail intérieur qui se faisait dans les profondeurs de la société, ne voyait que de simples accidents sans portée dans les frémissements du sol qui tremblait sous ses pieds, et répondait dédaigneusement à ceux qui avaient le courage de l'avertir : « Ce n'est rien ; il n'y a rien à faire. »

Et quand le jour marqué fut venu, quand le sol s'affaissa, miné jusqu'à la voûte par l'infiltration des doctrines dissolvantes répandues avec l'abondance d'un déluge, ce pouvoir vit soudainement s'ouvrir devant lui le gouffre qu'il avait laissé creuser à loisir ; et là où il admettait tout au plus, *la veille encore*, la possibilité d'une émeute, il se rencontra tout à coup le lendemain en présence d'une révolution sociale qui l'enveloppait, et dans laquelle il disparut comme autrefois Romulus sur le mont Palatin, au milieu d'un nuage de feu et de fumée.

Voulons-nous recommencer à nous traîner dans cette funeste ornière de l'apathie et du *far niente*, au risque d'un nouveau réveil non moins, sinon plus terrible ?

Peut-être est-ce imprudemment, prématurément que la question des pensions ouvrières — permettez-moi ce néologisme — a été soulevée; mais elle a occupé déjà la presse, l'Assemblée, le gouvernement, ainsi que les classes intéressées, à qui l'on s'efforce de persuader, d'autre part, que c'est une comédie qu'on joue, dont le dénouement sera une mystification; vous voyez donc que la question n'est plus entière. De nonvelles réflexions, une connaissance plus exacte de l'effet qu'elle a produit sur les esprits, l'espèce de calme même avec lequel ils en attendent la solution, vous convaincront qu'engagée à ce point, elle ne peut plus être ajournée, encore moins repoussée par une fin de non-recevoir; qu'il ne reste plus qu'à rechercher les moyens rationnels et légitimes de satisfaire à une nécessité qui nous presse de toutes parts; ne peut-on pas dire aussi: à une justice incontestable?

Mais précisément, monsieur, vous niez la possibilité et jusqu'à la moralité de ces moyens. Oh! assurément, s'il en était ainsi, il faudrait bien s'exposer à tout, plutôt que de tenter une impossibilité encore plus périlleuse que le *statu quo*, plutôt que de porter atteinte aux lois de la morale.

Heureusement nous n'avons devant nous aucun de ces tristes ou terribles inconvénients, j'en suis convaincu. les divers milieux que j'ai traversés en parcourant ma longue carrière laborieuse, commencée dans les ateliers, finie dans l'administration, des relations presque incessantes avec les travailleurs, un contact plus direct encore avec eux après la Révolution, ont dû me fournir sur ce point des notions, qui ont pu vous échapper très naturellement dans la carrière d'un ordre plus élevé que vous avez parcourue avec tant d'éclat. Je viens, monsieur, vous en apporter l'humble tribut.

Permettez-moi, avant tout, cela est nécessaire et ne sort ni du sujet ni de l'ordre même de votre rapport, de contester la parfaite justesse du conseil que vous donnez à l'ouvrier de préférer la Caisse d'épargne à une caisse de pensions, parce que, dites-vous, « il lui est « plus utile, en même temps qu'il lui est plus moral, « de se constituer au plus tôt un petit capital, qui lui « permet, à son tour, de devenir petit entrepreneur, et « même, s'il a le génie de son art, de s'élever à la qua- « lité de maître. »

Je loue de toutes mes forces assurément l'invention des caisses d'épargne, leur heureuse influence et leurs bons résultats, qui, entre nous, eussent été beaucoup meilleurs encore si le gouvernement avait bien voulu faire un peu moins pour elles; mais je dis sans hésitation qu'il y a une grande illusion à croire ces caisses capables de résoudre le problème parfaitement insoluble de la transformation de chaque ouvrier économe en petit entrepreneur, sinon en maître. C'est à peu près comme si l'on rêvait pour l'armée un système d'avancement qui rendrait possible que tous les soldats devinssent à volonté officiers ou généraux. Ferait désormais la faction et les corvées qui pourrait : il faut pourtant qu'elles soient faites.

Avant l'invention des mécaniques, la fabrication d'une épingle exigeait le concours de vingt-six travailleurs ; celle d'une carte à jouer, celui de treize ou quatorze ; une poupée était l'ouvrage de dix ou de quinze mains. Je ne saurais penser que tous ces travailleurs de détails, eussent pu, non plus que votre portier ou votre valet de chambre, qui sont aussi des travailleurs à leur manière, devenir de petits entrepreneurs chacun dans sa partie. Je conçois mal, c'est peut-être la faute de mon intelligence, un entrepreneur rattacheur, ou tisseur, un entreprenenr chauffeur, ou aiguilleur, un entrepreneur enfourneur, ou souffleur, (les hommes de l'industrie m'entendront), mais je me fais une idée de l'effrayante confusion, de la perte de temps que cette division du travail eût apportée dans la fabrication ! quel surenchérissement, quelle lenteur, en seraient résultés ! La France possèderait aujourd'hui trente millions *de petits ou de grands entrepreneurs*, — autant qu'elle compte de travailleurs, selon votre rapport, — et pas *un ouvrier*, sauf les enfants.

Je ne sais, monsieur, s'il est absolument sans danger d'offrir à tout propos aux classes laborieuses la perspective plus illusoire que réelle d'un changement d'état, d'un progrès autre que le perfectionnement du talent, très suffisant pour distinguer celui qui a du cœur et de l'aptitude, et pour lui créer une position supportable, susceptible d'aller jusqu'à l'aisance ; si, en les conviant ainsi officiellement et continuellement à s'élancer hors de leur sphère, l'on ne risque pas de produire un dégoût invincible et funeste parmi ceux qui sont condamnés à y rester par une cause quelconque, le désespoir chez ceux qui, plus entreprenants, plus dociles à ces séductions, subissent le sort d'Icare ; si l'on ne provoque pas l'envie plus souvent que l'émulation, qu'on a cru seule exciter. Depuis vingt ans, on n'a pas cessé de broder sur ce thême dans les colléges et les écoles. Nous savons ce qui en est résulté, quel parti ont tiré de ces excitations ceux qui sont allés de là les répandre dans les ateliers et ce que les ouvriers y ont gagné.

Dans une seconde lettre, je rechercherai si le jugement de la commission, sur la question des pensions ouvrières, ne s'est pas un peu trop laissé circonscrire dans les termes des projets qui ont été soumis à son examen.

Au reste, monsieur, ce qui prouve que l'institution et les bienfaits de la Caisse d'épargne sont loin de répondre à tous les besoins des classes ouvrières, c'est la faveur accordée par un si grand nombre d'esprits, par le gouvernement même, à l'idée des pensions de retraite ; ce sont les sacrifices que se sont déjà imposés en beaucoup de lieux les ouvriers pour se créer ce genre de ressource à la fin de leur carrière, sacrifices trop considérables ici, trop peu féconds là parce que le cercle est trop restreint. Ne sont-ce pas là des preuves que le temps de l'inaction est désormais passé?

Veuillez agréer, Monsieur, l'expression de mes sentiments de haute considération.

J.-P. Schmit.

II.

Monsieur,

Vous avez mille fois, un million de fois raison, lorsque vous taxez d'immoralité l'idée offerte à l'ouvrier d'une pension viagère, qui ne profitera qu'à lui et s'éteindra par sa mort, quoiqu'elle ait été acquise au prix de longs sacrifices imposés à sa famille aussi bien qu'à lui-même. Cependant, il est juste de dire que les projets présentés n'offraient point ce côté immoral, puisqu'ils entendaient que le capital serait remboursé à la veuve ou aux orphelins. Mais la commission a vu une autre immoralité dans cette combinaison, consistant en ce que l'expectative du remboursement pourrait tendre à favoriser des vœux impies, peut-être à priver le père de famille des secours qu'il est en droit d'attendre dans sa vieillesse de ceux qui lui doivent le jour. Elle a considéré d'ailleurs, que ces conditions de remboursement rendaient fort problématique la possibilité de réaliser les pensions promises, ou de les porter à un taux convenable ; elle s'est préoccupée aussi des embarras sérieux qu'elles pourraient faire naître dans telles circonstances dont l'histoire récente des Caisses d'épargne devait engager le législateur à tenir compte dans ses prévisions. Immoralité pour immoralité, elle a cru que celle qui offrirait les résultats les moins incertains et préviendrait de tels embarras, serait encore préférable à l'autre, mais elle les repousse toutes deux en définitive, en concluant que l'idée des pensions doit être abandonnée comme une *extravagance*.

Je ne sache aucunement que la commission, durant ses longues investigations, ait compris dans son examen le système qui régit les pensions des employés de l'État. Il y est fait allusion pourtant au rapport par cette courte phrase : « On comprend que l'Etat se charge de pensionner les agents qui l'ont servi ; mais on ne comprend pas l'Etat se chargeant d'assurer des retraites aux divers membres d'une société. » J'imagine qu'une fois l'antithèse admise, il aura paru à la commission superflu d'entrer dans le détail d'un système jugé *à priori*, sans application possible dans son principe.

Mais, si elle avait réfléchi que ce n'est point l'Etat *qui se charge* de pensionner les employés, que ce sont *eux-mêmes* qui supportent cette charge au moyen de retenues que l'Etat se borne à recueillir et à gérer d'après des errements fort simples, probablement eût-elle voulu alors juger, d'après le mécanisme de ce système bien connu, puisqu'il est éprouvé depuis plus d'un demi-siècle, et, d'après ses résultats, s'il ne pourrait pas être appliqué avec succès à l'institution d'une caisse ouvrière.

Je prévois tout d'abord, que des hommes qui ne vont pas au fond des choses, ne manqueront pas de dire qu'aucune de ces caisses de pensions administratives n'a pu suffire à ses besoins, quoique la retenue, fixée dans l'origine à 2 1/2 p. 100, ait été successivement élevée jusqu'à 5; d'alléguer comme preuve qu'aujourd'hui le trésor public est obligé de couvrir un déficit considérable, et d'en déduire cette conséquence spécieuse qu'on est dès lors très fondé à croire qu'il en serait de même à l'égard d'une caisse ouvrière fondée sur une base analogue.

Mais on répondrait péremptoirement que ces résultats, désastreux en effet, sont ceux, non pas des calculs chimériques des auteurs de ces caisses, mais bien ceux de l'abus exorbitant que les divers gouvernements qui se sont succédé, sans excepter le gouvernement républicain, ont fait du droit qu'ils avaient d'opérer des mises à la retraite en masse, au lendemain des révolutions pour épurer l'esprit des bureaux, et incessamment, dans l'intervalle, pour satisfaire des exigences impatientes. Ce sont des faits qu'on essayerait vainement de contester.

Les caisses constituées de 1806 à 1810, c'est-à-dire à l'époque d'une profonde stabilité que rien ne paraissait pouvoir ébranler, ont dû fléchir sous un poids imprévu si disproportionné à leurs forces. Cette sorte d'abus ne saurait avoir lieu à l'égard des caisses ouvrières. Il n'y aura jamais là ni épurations à faire, ni places de faveur à donner, par conséquent point de retraites forcées, imprévues, susceptibles de déconcerter tous les calculs.

C'est ici le moment, je crois, de dire en deux mots en quoi consistent les conditions et les avantages des caisses administratives.

Retenue de 5 p. 100 (taux actuel) sur tous les appointements, — après trente ans de services et de retenues (l'âge de soixante ans est en outre exigé dans quelques administrations), ce droit s'ouvre à une pension égale à la moitié (ou 30/60) du traitement des trois, des cinq ou même des dix dernières années (ce nombre d'années varie encore selon les administrations). — L'employé, devenu invalide avant les trente années, mais après dix ans au moins de services, par des causes produites par son emploi, peut obtenir une pension formée d'autant de 60es qu'il compte d'années de travail. — Celui qui abandonne son emploi pour un autre exempt des retenues administratives, perd tous ses droits. — Au décès d'un pensionné, un quart de sa pension est reversible sur sa veuve après cinq ans de mariage, pourvu qu'elle ne convole pas, et un autre quart sur ses enfants jusqu'à l'âge de 16 ans.

Il n'y a certainement rien d'extravagant ou d'immoral dans ce système appliqué depuis 44 ans, à deux ou trois cent mille travailleurs de leur propre consentement, car l'Empire les a laissés complètement libres dans le principe, d'accepter ou de refuser les règlements qu'il leur proposait, après les avoir fait élaborer par cet illustre Conseil d'Etat que vous savez. Les gouvernements de la Restauration et de Juillet, non seulement en ont suivi l'exécution, mais ils en ont largement usé, ainsi que je le faisais observer, et des deux ou trois cent mille employés de tous grades, depuis l'expéditionnaire jusqu'au chef de division, qui y sont soumis, aucun n'en a réclamé jusqu'à ce jour l'abrogation. Il est donc revêtu de la sanction du temps, de l'expérience et de l'assentiment persistant des intéressés.

Si la chose a pu être bonne pour une classe spéciale de travailleurs si nombreuse, et enfin passablement éclairée, pourquoi serait-elle mauvaise, oppressive, dégradante pour la classe ouvrière ?

Ce système ne provoque pas la cupidité impatiente comme celui du *remboursement après décès* ; il a au contraire pour effet de fortifier davantage l'intérêt de la famille à la conservation de son chef, car elle n'a qu'à y gagner. Admettant la reversibilité partielle, il ne porte pas, comme la pension viagère qui s'éteint à la mort du titulaire, un caractère d'égoïsme qui rendrait au reste la loi à peu près inutile, ou en restreindrait l'action aux seuls célibataires, car, quelle est la femme, la mère de famille surtout, qui ne s'ingénierait pour empêcher que durant trente ou trente-six ans, son mari détournât du ménage des sommes d'autant plus précieuses qu'elles seraient plus modiques, pour s'assurer un bien-être qui ne profiterait qu'à lui seul, si même il en jouissait jamais? La rente viagère sur une tête unique provoque le concubinage, cette plaie dévorante des classes ouvrières qui peuple les hospices d'enfants-trouvés et les bouges de la prostitution; la reversibilité tend à la guérir. Au lieu des combinaisons immorales que vous avez justement flétries, nous avons ici une combinaison où, ce qui est bien rare, l'intérêt matériel se combine avec la moralité.

Dans les projets auxquels s'est borné l'examen de la commission, le produit de ces trente ans ou même de ces trente-six ans de sacrifices, se réduit au *rendement mathématique* de ce qui a été confié à la caisse par l'individu.

Voyons ce que produit ce rendement en prenant pour exemple l'ouvrier gagnant 1,000 fr. par an: Au taux annoncé de 1 p. 100, cet ouvrier verserait 10 fr. chaque année; ces 10 fr. capitalisés avec l'addition de l'intérêt composé, constitueraient, au bout de 36 ans, un capital de 931 fr. 35 c. Que lui promet-on? l'intérêt de ce capital à 5 p. 100, soit 46 fr. 55 c. Je conçois, qu'en présence d'un tel bienfait, prix souvent des plus dures privations, la commission ne se soit pas senti le courage de conclure autrement qu'elle n'a fait. Mais pourquoi s'arrêtait-elle dans cette ornière aride?

Si elle eût porté les yeux sur l'employé, elle eût vu qu'au bout d'un même nombre d'années, sa pension, liquidée sur le pied d'un traitement au même chiffre de 1,000 fr., atteint à la moitié: 500 fr. A la vérité on lui retient 5 p. 100, tandis qu'on ne demande que 1 p. 100

à l'ouvrier. 1 est le cinquième de 5. Attribuons donc à l'ouvrier le 1/5 de ce qui est alloué à l'employé : il lui reviendra 100 fr. au lieu de 46 fr. 55 c.

Les 46 fr. 55 c. meurent avec le titulaire selon les projets, et le capital de 931 fr. 35 c. aussi, puisque la commission a reconnu que le remboursement serait mauvais. Les 100 francs retomberaient jusqu'à concurrence de moitié sur la veuve et ses jeunes enfants. Nous nous occuperons plus tard de ce dernier point.

Certainement, si la commission avait été mise à même de faire ces rapprochements, elle aurait conclu autrement qu'elle n'a fait.

Un autre motif de ses conclusions a été le sentiment très louable et très bien réfléchi que, quelque système qu'on puisse adopter, les pensions ne sauraient avoir quelque efficacité, si la moyenne ne s'élevait dans les proportions de 150 fr. ; mais elle croit qu'elle n'y parviendrait pas à moins d'imposer l'ouvrier à 6 23/100 de son salaire, et vous vous écriez justement : « C'est une retenue énorme que personne n'a jamais osé proposer. »

Je pense avec la commission et son illustre rapporteur qu'on a bien fait. Toutefois, je pense aussi qu'il n'y a nulle nécessité d'imposer cette retenue énorme, et de sortir de la limite prévue de 1 p. 100 pour obtenir les résultats de l'application du système administratif. Je vais entreprendre de le démontrer.

Veuillez, etc.

III.

Monsieur,

La publication de ces lettres devait suivre de près celle de votre rapport. Vous tenez peu sans doute à savoir quels motifs l'ont ainsi retardée. Mais un fait nouveau s'est accompli dans l'intervalle : M. Benoist (d'Azy) a déposé au nom de la commission chargée spécialement de l'examen de la question des caisses de retraite, *un rapport supplémentaire*, dont les principes et les conclusions concordent peu avec ceux du vôtre. De ces deux documents de vues si différentes, quoique émanant d'une même source, qui est l'Assemblée nationale, l'un brûle ce que l'autre avait adoré, et *vice versa*. Souffrez que je fasse entrer ce que j'aurais à dire du travail de M. Benoist (d'Azy) dans les observations qui me restent à vous soumettre au sujet du vôtre.

Deux raisons assurent l'immense avantage que nous avons pu reconnaître au système administratif sur les systèmes en discussion.

La première est que la liquidation de la pension de l'employé se fait sur le nombre des années de travail et sur le traitement moyen des dernières années, sans égard au montant des fonds versés par lui, tandis qu'on ne se propose de donner à l'ouvrier que le produit de son propre capital.

La seconde raison est qu'au lieu de faire un compte personnel à chacun, ainsi qu'on le propose encore, ce qui est l'isolement stérile de l'individualisme, le système administratif, devançant d'un demi-siècle la pratique de l'association que tant de gens prônent aujourd'hui comme une trouvaille, avait transformé les employés de chaque administration en une famille, dont tous les intérêts étaient confondus dans la mutualité d'une tontine conçue de manière à ne léser personne.

La commission dont vous êtes rapporteur, monsieur, a compris aussi la nécessité de substituer le système tontinier à celui du remboursement; mais, passant à côté de son application aux pensions administratives, ainsi que l'a fait plus tard le rapport de M. Benoist (d'Azy) par l'effet de cette fatalité qui paraît devoir diriger l'examen préparatoire du sujet à l'Assemblée, elle n'a entrevu que la combinaison vulgaire, « dont le principe, dites-vous, « est que les survivants profitent de la part des morts, « espèce de loterie sur la vie, où les plus robustes finissent par être les plus riches. »

Cette mutualité-là est certainement encore moins morale au fond que le remboursement après décès ; elle suscite généralement et plus ouvertement le désir de la mort d'autrui. La tontine des employés n'offre pas ce caractère odieux, tout-à-fait anti-fraternel, dans le sens que nous donnons vous et moi à la fraternité. Elle se base naturellement, cela est incontestable, sur le calcul des chances ordinaires de mortalité; mais comme les droits des intéressés sont déterminés dès le commencement, qu'il n'y a aucune spéculation personnelle à faire sur les variations des décès, dont l'accroissement, si considérable qu'il pût être, n'ajouterait pas un centime à la part de chacun, le caractère d'immoralité s'efface entièrement; et bien loin de là, par le motif que le nombre multiplié des mises à la retraite est susceptible de déranger l'économie de la caisse, l'employé attache autant de prix à la conservation de ses camarades, que le tontinier ordinaire en met à la réduction rapide du nombre de ses co-associés, dans l'espoir secret qu'il survivra à tous.

Le blâme est sorti de votre plume, sous la forme incertaine de la phrase ironique que je citais tout à l'heure. On n'en trouve pas trace dans le rapport de M. Benoist (d'Azy). La commission de la caisse des pensions accepte purement et simplement la loterie sur la vie, où le robuste gagne le quine, où le faible n'a pas même la chance d'un extrait.

L'honorable rapporteur s'est livré à ce sujet à de longs travaux pour établir, d'après les tables de mortalité de Duvillard et de Deparcieux, de combien la part de chaque survivant pourrait se trouver accrue au bout de trente ans, recherche absolument sans objet, lorsqu'il s'agit d'une tontine perpétuelle, sans cesse renouvelée par des rentrants, où, par conséquent, il n'y a d'autre survivant que la société elle-même, à moins pourtant qu'on ne veuille la diviser en petites sociétés fractionnaires et isolées entre elles, composées seulement des ouvriers qui auraient souscrit la même année, afin que les droits de mutualité fussent parfaitement égaux.

Lorsqu'on réfléchit que les trente-six ans qu'on semble

être d'accord d'exiger pour la liquidation donneraient naissance à pareil nombre de ces sociétés, qu'on porte sa pensée sur la diversité et la multiplicité des opérations de gestion qu'un pareil système exigerait, on reconnaît sans peine qu'il n'a pu entrer dans la tête d'hommes sérieux ayant quelque teinture du maniement des affaires. Aussi suis-je bien loin d'imputer à la commission cette excentricité.

Ce qu'il y a de plus certain, c'est qu'elle admet le principe du remboursement, limité toutefois à la moitié du capital, pourvu encore que le souscripteur se soit expressément réservé cette faculté en souscrivant. Ne pensez-vous pas comme moi, que dès que cette réserve sera permise, chacun voudra se la ménager? Or, que sera-ce que cette réserve, sinon la négation de la caisse dont elle paralyserait le ressort, et détruirait les résultats, car elle rendrait celui-ci si faible, ceux-là si minimes, que le meilleur conseil qu'on pourrait donner à l'ouvrier serait de ne pas s'arrêter à une pareille bagatelle.

L'intention de la commission a été bonne cependant; elle a eu en vue de ménager les besoins de l'ouvrier que des maladies ou des infirmités, — il est des professions où des accidents, la nature même du travail, les provoquent volontiers, — mettraient dans l'impossibilité d'accomplir la période de trente-six ans. Nous verrons tout à l'heure, je l'espère, qu'il peut être avantageusement suppléé au moyen proposé sans altérer le mécanisme de l'institution.

Je ne sais si vous savez, monsieur, quant à moi je l'ignore, quel motif a pu déterminer la commission à établir que l'intérêt des sommes versées ne courrait que pour les sommes de 5 fr. et leurs multiples. Je n'en vois pas d'autre que le fâcheux préjugé que chaque compte doit être tenu isolément, d'où résulterait, en effet, la difficulté, et même la quasi impossibilité, de faire produire un intérêt quelconque à une somme inférieure; mais qu'au lieu de *comptes individuels*, on établisse un compte collectif, à l'instar de chaque caisse administrative, et la réunion en une somme unique de tous les versements, *fût-ce des versements de quelques centimes*, fournit aussitôt le moyen de n'en laisser aucune portion improductive.

Agir autrement aurait pour résultat une perte considérable d'intérêts annuels pour la caisse, tandis qu'une somme importante demeurerait sans emploi. Supposez, en effet, annuellement 40,000 versements ou fractions de versement variant de 50 c. à 4 fr. 50 c., et représentant une somme moyenne de 80,000 fr., — ce n'est pas exagérer quand il s'agit d'une caisse où les intéressés se compteront par millions, — n'est-il pas vrai que cette somme, demeurée improductive sans raison évidente, constituera, au bout de trente-six ans, une perte de 51 millions de francs? Ce n'est pas de la bonne administration. Il y a nécessité, lorsqu'on entreprend une pareille œuvre, de multiplier et non de restreindre les chances de produit. La force des choses en entraîne toujours bien assez de défavorables, contre lesquelles il faut lutter sans cesse.

Il est d'autant plus indispensable de ménager précieusement toutes les ressources, que l'institution d'une caisse de pensions ouvrières doit, selon moi, offrir une amélioration dont le système de pensions administratives ne contient pas le rudiment et dont je vais parler.

Nous avons vu que l'ouvrier gagnant 1,000 fr. et versant 10 fr. chaque année, peut obtenir, au bout de trente-six ans, soit 49 fr. 44 c., soit 100 fr.; mais si au lieu d'accomplir ses trente-six ans, il est mis hors d'état de travailler après dix ans seulement, il aura droit:

En prenant pour base l'effectif des versements, à un capital de 114 fr. 17 c. et à un intérêt de 5 f. 75 c.

Ou, en prenant pour base l'effectif du service, à une pension de 33 fr. 33 c.

Mais l'ouvrier qui, au lieu de 3 fr. par jour, ne gagne que 20 sous, que 15 sous, taux fort commun parmi les travailleurs de la campagne que nous ne voulons pas exclure, et qui n'est pas rare, même dans les grandes villes, surtout parmi les femmes et les domestiques, qu'aura-t-il au bout de trente ans? De 6 fr. 66 c. à

11 fr. 11 c., en choisissant le système le plus avantageux. Qu'on juge de ce que produirait l'autre, et de ce qui reviendrait à l'ouvrier devenu invalide avant l'accomplissement de ses trente-six années de cotisation. Un tel mode d'assistance deviendrait presque cruel, tout au moins insultant.

L'unique échappatoire à cette voie où l'on rencontrerait justement plus de colère que de reconnnaissance, est l'établissement de *minima* au-dessous desquels aucune pension ne devrait descendre. Ces *minima* pourraient, sans risques et avec convenance, varier de 40 fr. à 60 fr., terme moyen 50 fr., selon que l'ouvrier appartiendrait à l'industrie de la ville ou à celle de la campagne, les besoins n'étant pas égaux. Assurément 50 fr. c'est bien peu; mais c'est déjà quelque chose qui n'est pas sans importance; à peu près le montant d'un loyer, et le loyer est presque toujours la dépense la plus difficile à supporter par le pauvre.

Chargé durant plusieurs années de la répartition de plusieurs millions en secours, assez heureux pour en avoir fait obtenir d'assez nombreux, puisés à des sources alors presque inépuisables, et depuis taries en un jour, au grand préjudice de bien des misères, je puis parler avec quelque expérience des intérêts de la pauvreté. Je sais ce que vaut la somme la plus infime, surtout quand son retour régulier est assuré.

Je l'ai dit : le système des pensions administratives n'embrasse pas les *minima*, qui peuvent prendre beaucoup de développement, devant s'étendre aux veuves et aux jeunes orphelins, de manière pourtant qu'il n'y ait point double application : je m'explique. Quelles seront donc les ressources pour faire face à cette addition importante? Les voici : Premièrement, le personnel ressortissant à la caisse ouvrière devant s'y nombrer par millions, tandis que celui de chaque caisse administrative, par le seul fait de son isolement de toutes les autres, ne se nombre que par centaines, tout au plus par milliers, offre une mutualité sans exemple jusqu'à ce jour, capable de produire déjà toute seule des résultats incomparablement plus grands que ceux obtenus par les caisses des ministères.

Secondement, les deux commissions semblent d'accord pour fixer la durée des versements à trente-six ans; celle de la retenue pour les employés n'est que de trente.

Troisièmement, le maximum de 600 fr., admis pour le taux des pensions ouvrières, étant inférieur en proportion au maximum administratif, la différence tourne au profit de la caisse.

Quatrièmement, il est judicieux de tenir compte des abandons qui seront faits par les ouvriers renonçant à leur industrie, par ceux que la fortune vient à favoriser, par ceux qu'un motif ou un autre conduit à porter leurs talents à l'étranger; des libéralités des patrons, qui se multiplieront très certainement dès qu'ils seront assurés qu'elles ne tourneront qu'au profit de l'avenir des ouvriers sérieux. Peut-être le plus souvent seront-elles faites à titres particuliers; mais elles finiront nécessairement par retomber dans la masse.

Cinquièmement enfin, n'est-il pas question de donner des livrets en primes d'encouragement aux ouvriers qui auront fait preuve d'efforts et de persévérance?

Observons d'ailleurs que, malheureusement, les classes les plus indigentes ne pourront fournir qu'un nombre relativement fort restreint de pensionnés, ce qui doit dissiper la crainte que les *minima* se multiplient au point de compromettre le succès de la caisse. C'est à d'autres moyens plus directs, plus actifs et plus actuels qu'il faut songer pour le soulagement de ces classes si dignes d'intérêt, et qui n'ont pas le temps d'attendre.

Il a été question encore d'accroître l'actif de la caisse par une subvention du patron élevée au double de celle de l'ouvrier, c'est-à-dire à 2 p. 100 lorsque celui-ci verserait 1.

La commission a vu l'inanité et le danger de cette combinaison « qui ne tromperait que les esprits étrangers à toute science économique. » Le rapport montre les maîtres contraints de reprendre la prime de 2 p. 100 sur le prix de la journée. « L'ouvrier pourra s'y opposer, « dira-t-on ; oui, un jour d'émeute ; mais le maître alors « violenté, forcé de payer plus qu'il ne peut, se retirera « ou fera banqueroute, et l'ouvrier sera obligé d'aller « offrir à un autre, et à tout prix, ses bras qu'il avait « refusés la veille au prix naturel déterminé par la valeur « naturelle des choses. »

Cela est vrai ; mais, répliquent certains ouvriers qui tiennent fortement à conserver la prime, « si le maître « ne peut ou ne veut la supporter, il la fera retomber « sur le consommateur qui s'en apercevra à peine. « Qu'importe au riche de payer 51 centimes ce qu'il ne « paie aujourd'hui que 50 ; cent deux sous ce qui ne lui « en coûte que cent ? »

La commission n'a prévu que l'objection du maître ; il n'est pas inutile de répondre à celle de l'ouvrier : qu'elle me permette de le faire.

Est-il convenu que les 2 p. 100 seront ajoutés au prix de consommation ? Vous croyez que c'est tout ; détrompez-vous.

D'abord le maître qui sera obligé de payer la prime dans la mauvaise comme dans la bonne saison, c'est-à-dire même dans le temps où tout est risque et perte pour lui, voudra se rembourser par avance du paiement qu'il devra faire dans les circonstances critiques. Il augmentera donc vraisemblablement les prix de 3 p. 100 au lieu de 2. Vous croyez cela indifférent pour vous ? Nous allons voir.

La prime étant établie comme règle générale, et tous ceux qui devront la supporter faisant le même calcul, les 3 p. 100 d'augmentation frapperont : 1° les matières premières servant à fabriquer les outils, engins, appareils, machines ou métiers ; 2° les usines, ateliers, où se fera la fabrication ; le bois, le charbon, le luminaire qu'elle peut exiger ; 3° le prix de cette fabrication elle-même ; 4° les autres matières premières qui devront être fabriquées à leur tour avec les machines, outils, engins dans ces usines ou ateliers, ou servir d'auxiliaires ou de moyens à cette fabrication de second ordre ; 5° cette fabrication elle-même : 6° le transport par terre ou par mer des objets qu'elle aura produits, car les transporteurs, rouliers, mariniers, matelots, ouvriers des chemins de fer ayant droit de même à la prime, leurs patrons ne manqueront pas de s'en couvrir, et encore ici se trouve la plus value, toujours pour la même cause, des chevaux, voitures, bateaux navires, rail-ways qui accroîtront proportionnellement les frais ; 7° le commerce ou courtage, car l'intermédiaire entre le fabricant et l'acheteur aura le même besoin et le même droit d'imposer ces 3 p. 100 pour ses propres travailleurs ; 8° le prix des magasins, caves, entrepôts, docks, toujours pour les mêmes raisons.

Ainsi l'impôt de la prime de 2 p. 100 enfante une augmentation d'au moins 25 p. 100 sur le prix de chaque chose, —je n'ai pas tout énuméré, — augmentation qui est supportée par l'ouvrier aussi bien que par le bourgeois, car l'un est acheteur, aussi bien que l'autre. Cette augmentation d'un quart se traduit par une réduction d'un quart sur le revenu de chacun, riche ou pauvre, et celle-ci par une réduction d'un quart sur le travail. Donc l'ouvrier travaillera un quart de moins, dépensera un quart de plus : deux quarts valant une demie ou 50 p. 100, il arrivera que pour être gratifié de 2 p. 100 sur la bourse de son patron, il perdra tout juste 48 p. 100.

Je ne parle ici que de l'ouvrier travaillant pour un maître ; l'ouvrier libre qui n'aura pas, lui, de prime à recevoir supportera les 50 p. 100 intégralement.

Qu'il ne soit donc plus fait mention de cette combinaison malencontreuse, sur laquelle il y aurait bien d'autres choses à dire, si les termes précis de votre rapport et le silence de celui de M. Benoist (d'Azy) ne devaient la faire considérer comme définitivement repoussée.

Une note de ce rapport nous apprend cependant qu'une grande administration industrielle prenant l'initiative de la fondation d'une caisse de retraite au profit de ses travailleurs, a adopté le principe de la prime. La mesure ne sera que salutaire et dignes d'éloges quand elle sera purement volontaire; elle n'exercera, sous cette condition aucune influence fâcheuse extérieure. Mais le jour où elle deviendrait une loi générale et obligatoire de l'industrie, commenceraient les désordres que j'ai cru devoir signaler aux ouvriers eux-mêmes.

Elle ne pourrait au reste prendre ce caractère qu'autant que le versement de 1 p. 100 par l'ouvrier serait déclaré également obligatoire sous forme de retenue, ce qui la rendrait nécessairement générale.

Vous n'êtes point, monsieur, pour la retenue obligatoire. « En voulant, dites-vous, être prévoyant pour tout « le monde, on est obligé de violenter tout le monde... « ce serait entreprendre étrangement sur la liberté des « individus, et se mettre à leur place d'une manière « bien singulière... que de prendre pour un autre objet « que l'impôt une partie du salaire de chacun pour en « faire l'emploi qu'on juge le plus sage... pour imposer « la prévoyance à une masse de 20 millions de citoyens « qu'on déclare imprévoyante ou aveugle. » Je borne à cela ma citation.

Evidemment la loi ne ferait ici que ce qu'elle fait constamment pour l'ensemble et pour chaque branche des intérêts de la société. Ce serait du gouvernement; rien de plus, rien de moins. S'il y a quelque chose qui doive faire repousser la mesure, c'est une impossilité matérielle, tirée de la généralité qu'elle devrait revêtir, plutôt que de la moralité de son principe.

Et toutefois il ne serait pas moins impossible de fonder une institution de la nature de celle dont il s'agit, où une si grande multitude d'intérêts se trouveront liés, si les engagements, qui doivent être parfaitement libres dans leur origine, étaient privés de toute espèce de coercition une fois contractés.

Les caisses administratives n'ont de même été fondées que du consentement libre des employés. Le gouvernement impérial leur a dit : Voulez-vous ou ne voulez-vous pas ? Ils ont répondu : Nous voulons ; et, depuis ce temps, la retenue a été obligatoire.

Je crois que les ouvriers ont le même droit d'être consultés, non pas qu'il y ait lieu de provoquer la réunion en masse ou par groupes de plusieurs millions d'hommes pour délibérer sur le projet, pas plus que de les empêcher de se concerter par ateliers ou par industries. A eux d'agir comme ils l'entendront. Pour la caisse, le consentement préalable et suffisant ressortira de l'inscription volontaire, et cette inscription, engagement de fait, aura pour sanction nécessaire, non l'envoi de garnisaires ou de porteurs de contraintes, mais la perte *ipso facto* de tous droits acquis par des versements effectués, en cas de cessation ultérieure. Toutefois, il doit être permis de relever la déchéance, et de ressaisir les droits *au point où on les aura laissés*, en rouvrant une nouvelle série de versements, tous les bénéfices intermédiaires appartenant à la caisse. C'est ainsi qu'on peut concilier la liberté et l'obligation.

L'application du système administratif si favorable à l'ouvrier, qui liquide la pension sur la durée du travail, au lieu de prendre pour base le capital, se concilierait mal avec les propositions ayant pour but de permettre que les enfants puissent s'associer dès l'âge de onze ans. Le rapport de M. Benoist (d'Azy) et son projet de loi parlent même de trois ans.

Je ne sais ce que décidera l'Assemblée nationale sur ce point, mais il est évident, si elle l'admet, que la caisse perd son caractère d'institution ouvrière ; il n'y a pas d'ouvrier de l'âge de onze ans, encore moins de trois ans, en état de verser des fonds pour se créer une pension à soixante ans. Si l'on peut recevoir de tels sociétaires, il s'en trouvera beaucoup parmi eux n'appartenant pas à la caisse ouvrière, et, par conséquent, recherchant un bénéfice auquel ils n'auraient pas droit, tandis que, d'autre part, en engageant ainsi l'enfance d'un individu, il peut arriver qu'on le rive en quelque sorte, par des droits déjà acquis et la crainte de les perdre, à une condition dont ses goûts ou ses dispositions tendraient à le faire sortir. On nuirait à sa liberté, peut-être au développement de son intelligence. Si non qu'arriverait-t-il dans le cas où il entrerait au collége, au lieu d'entrer à l'atelier ? Serait-ce toujours un ouvrier ?

Vous avez, monsieur, considéré comme aptes à profiter de l'institution de la caisse les travailleurs à partir seulement de vingt ans. Vous étiez dans le vrai. Le surplus est de l'exagération irréfléchie. Si des parents ouvriers ou des bienfaiteurs veulent favoriser un enfant, la voie de la Caisse d'épargne leur est ouverte, et empêchera leur dévouement ou leur bonne volonté d'être stériles.

IV.

Monsieur,

Je viens de relire attentivement les diverses lettres que j'ai eu l'honneur de vous écrire, et je cherche en vain par quels arguments on pourrait contester la supériorité morale et matérielle des résultats de l'application du système des pensions de retraites administratives à la caisse des pensions de retraites ouvrières. Mais ici se dresse de toute sa hauteur. devant mes démonstrations de pratique, le terrible mot *extravagance* jeté par votre rapport à la face du principe même, quel qu'il soit, de la création d'une telle caisse.

A l'impossibilité alléguée ainsi, j'ai opposé et je persiste à opposer l'impossibilité de demeurer dans le *statu quo*, l'initiative prise partiellement par des établissements industriels qui, bien mieux à même que nous de juger du mal et des remèdes, n'ont pas désespéré de celui-ci ; enfin l'opinion du gouvernement et celle de la commission qui a élu M. Benoist (d'Azy) pour rapporteur, opinion évidemment tournée vers la possibilité, puisqu'elle se préoccupe de codifier les éléments et la pratique de l'institution.

Mais je reconnais que jusqu'ici, il n'y a qu'un sentiment opposé à un autre, et point de discussion quant aux faits ou aux hypothèses redoutables qui ont engendré les conclusions négatives de votre rapport.

C'est une grande témérité à moi, monsieur, d'examiner après que vous avez prononcé, et je devrais, dans la profonde conviction de mon infériorité, jurer sur la parole du maître; mais il en est un autre, dont l'autorité, plus imposante encore, m'a engagé à prendre la plume; je lui ai obéi en disant : *Amicus Plato, sed magis amica veritas.*

Vous évaluez, à vue de pays, la population ouvrière de la France à trente millions, dont quinze millions de l'âge de 20 à 56 ans; ces trente-six ans intermédiaires représentent le temps jugé nécessaire pour acquérir les droits à la pension, si pension il doit y avoir.

Vous établissez encore, qu'en supposant, en terme moyen, un versement annuel de 30 fr. par individu, — lequel, multiplié par 15 millions, ferait 150, — et en y ajoutant chaque année les intérêts accumulés, on arrive ainsi « à une somme énorme dont le calcul serait inutile. »

Pourquoi? Disons toujours. Cette somme ne sortira pas de notre poche, et mieux vaut, à tout prendre, une grosse réalité palpable qu'un fantôme voilé. On sait du moins contre qui l'on se bat.

Cette somme serait, à l'expiration des 36 ans, de 42 milliards en nombres ronds, si je ne fais erreur. Mais par une évolution de calcul dont je ne me rends pas compte, vous réduisez ce capital à 30 milliards, dont « 15 pour les personnes de 20 à 56 ans qui versent sans « toucher, et 15 pour celles au-dessus de 56 ans, qui, « ayant versé leur capital, n'auront plus qu'à jouir, » et vous vous écriez à l'idée de ces 30 milliards « somme « énorme, effrayante ! dont nous voudrions bien savoir « comment l'Etat pourrait se charger. » Vous supposez néanmoins que par l'effet des bénéfices de la tontine, on pourrait réduire les versements de 30 fr. à 15 fr.; toutefois ce calcul vous ramène encore au même chiffre fatal de 30 milliards divisé comme ci-dessus en deux séries, et vous demandez « comment le trésor public ferait pour « placer de telles sommes et en trouver l'intérêt à « 5 p. 100. On comprendrait, poursuivez-vous, que, s'il « s'agissait de 3 à 4 milliards..... on expulsât du Grand « Livre tous les rentiers, et qu'on fît de la dette publi- « que le capital de la caisse des retraites, » mais 15, 20, 30 milliards !

Ce tableau est bien effrayant, j'en conviens, et les questions qu'il fait naître sont bien embarrassantes. Voyons si d'aventure, il n'y aurait pas quelque décompte à faire. Observons que vous raisonnez sous l'impression de l'idée d'un concours général qui suppose celle de la retenue obligatoire, quoique vous l'ayez combattue. Je vais raisonner dans l'hypothèse de la liberté.

Quoique l'on doive ajouter un nombre très considérable d'ouvriers à la nomenclature du rapport, qui ne parle que de ceux employés *aux travaux des champs et des manufactures*, j'ai recueilli de la bouche d'hommes très compétents sur la matière, qu'on ne peut évaluer à plus de 12 millions le nombre des ouvriers des deux sexes, proprement dits de l'âge de 16 à 56 ans. Quatre ans de plus que votre chiffre et environ quatre millions d'individus de moins ; restera onze.

Il est évident que si l'on accorde aux femmes mariées le bénéfice de la reversibilité, elles ne sauraient être admises à se créer des pensions en leur nom personnel. D'ailleurs la nécessité de s'occuper des soins du ménage et de leurs enfants, soins dont la loi ne peut avoir en vue de les distraire, suffit pour absorber la majeure partie de leur temps, et ne leur permettrait pas de supporter les charges de la caisse. Il est assez exact, je crois, de les compter pour un tiers sur les 11 millions, surtout si nous regardons le système de reversibilité comme propre à réduire le nombre des unions concubinaires. Donc 8 millions au plus.

Dans ces 8 millions sont compris, d'une part les ouvriers qui gagnent un salaire assez élevé pour dédaigner l'expectative d'une pension dont le *maximum* ne peut dépasser 600 fr. ; les ouvriers infiniment plus nombreux (là est la vraie plaie sociale, la plaie inguérissable par les lois), dont le salaire est trop faible pour leur permettre d'en détourner la moindre parcelle, même en vue d'un bien à venir ; les riboteurs, les fainéants qui n'ont jamais un franc à mettre à l'épargne, si fort que soit le taux de leur journée ; les insouciants, toujours confiants, celui-ci dans sa bonne santé qui jamais encore ne lui a fait défaut ; celui-là dans son talent qui ne l'a jamais laisse manquer d'ouvrage.

Croyez-vous, monsieur, que ces exceptions ne sont pas bien capables d'opérer la réduction à 50 p. 100 de la masse des intentions qui se tourneront efficacement vers la caisse des retraites ?

Le taux de 30 fr., donné dans votre rapport comme terme moyen des versements, est extrêmement forcé ; vous l'avez reconnu vous-même, puisqu'à raison de 5 p. 100 il représenterait la journée de 9 fr. comme moyenne des salaires. Vous réduisez donc le taux commun de ces versements à 15 fr. ; je suis d'accord avec vous. C'est en effet ce qu'il peut être au *maximum*. Eh bien, monsieur, 4 millions de versements à 15 fr. forment une somme annuelle de 60 millions, et, au bout de trente-six ans, un capital d'un peu plus de 5 milliards et demi (5,629 millions environ). Mettons 6. Il est vrai qu'à l'expiration des trente-six ans nous recommençons une nouvelle série, qui semble devoir produire à son tour un nouveau capital égal ; en tout 12 milliards. Il y a loin de là aux 42 milliards que produiraient le *compelle intrare*, et même aux 30 en vue desquels vous qualifiez l'idée de créer des retraites aux ouvriers d'*impossible* et d'*extravagante*.

Remarquons que ce n'est *que dans trente-six ans* que nous atteignons le chiffre 6 milliards, lequel ne dépasse que de moitié celui que vous sembleriez assez disposé à admettre, si l'on voulait *expulser les rentiers du Grand-Livre, pour faire, de la dette publique, le capital de la caisse des retraites*, et c'est *dans soixante-douze ans* seulement que l'Etat pourrait se trouver en présence du capital doublé de 12 milliards. Encore crois-je qu'il faudrait plus de cent vingt ans au lieu de soixante-douze. Voici mes raisons :

Si l'on admet le principe des liquidations entre dix ans et trente-six ans pour causes majeures et légitimes, ces liquidations anticipées concourront forcément à arrêter, dans une proportion quelconque, mais évidemment assez forte, l'accroissement du capital. Je n'ai pas besoin d'expliquer le comment, parce qu'il est sensible. Cependant je n'ai pas égard à cette considération, en raison de ce qui affluera d'un autre côté à la caisse par la voie des libéralités, des primes et les autres ressources qu'on pourra lui attribuer.

Malgré cette énorme réduction, de 42 milliards à 6, malgré le bénéfice du temps indispensable à la réalisation de ce capital, il reste toujours à résoudre cette question : Comment lui fera-t-on produire l'intérêt sans lequel l'institution ne serait qu'une œuvre inerte, une pure déception ?

Vous n'entrevoyez d'autre moyen que celui d'expulser les rentiers du grand-livre ; ce serait de la violence, du privilége. Nous n'en devons pas vouloir. La caisse s'introduira au Grand-Livre par le même procédé que le simple particulier, au fur et à mesure qu'elle aura des fonds et qu'elle trouvera de la rente à acheter, et l'on est fondé à croire que les gouvernements, si bien lancés dans la voie sans terme des emprunts, lui en fourniront de surcroît, autant qu'elle en aura besoin.

Il est inutile d'insister sur ce que l'Etat y trouverait d'économie, la société de sécurité. Le socialisme lui-même, s'il est sincère, ne peut s'empêcher d'applaudir, puisque voilà d'un seul coup quatre millions d'ouvriers transformés honnêtement, loyalement, en capitalistes, et que les autres n'ont qu'à vouloir pour le devenir.

En admettant que la rente peut venir à certains moments à faire défaut à cet immense capital, ne pensez-vous pas que la caisse, avec de si vastes ressources, deviendrait aisément une magnifique institution de crédit hypothécaire, et même de crédit industriel, qui agirait avec succès contre l'usure, après avoir tué l'agiotage? J'espère d'ailleurs que vous me rendez assez justice pour ne chercher dans mes paroles aucun reflet de la triste et perfide chimère du crédit gratuit, à laquelle ses inventeurs ne croient pas eux-mêmes.

Pour ne rien laisser derrière nous, autant que possible, il reste à poser une dernière question, une question décisive, que j'appellerai volontiers la question vitale; car si elle n'est pas résolue d'une manière satisfaisante, je ne vous ai arrêté que sur une vaine théorie. On a fait assez jusqu'ici pour le peuple de ces palais de carton, à façade séduisante, à l'intérieur inhabitable. Je ne suis pas jaloux d'en augmenter le nombre.

Le versement annuel de 15 francs est l'expression d'un salaire annuel de 1,500 francs, d'une journée de 4 francs 50 centimes environ. La pension devant être liquidée sur le pied du dixième du salaire, le taux moyen doit donc être de 150 francs. C'est aussi votre chiffre. Ce résultat peut montrer que nous sommes tous deux dans la vérité sur ce point.

Mais abordons résolument le fait.

Pour assurer à quatre millions d'individus 150 francs, il est besoin d'un revenu de 600 millions, et le capital de 6 milliards au denier vingt n'en donne qu'un de 300. Voilà donc, dira-t-on, la caisse en faillite de 50 0/0 dès le premier moment.

Cela serait exact, si les 4 millions de souscripteurs, que nous supposons improbablement inscrits dans la même année sur les contrôles, avaient tous le même âge, la même constitution, la même persévérance, de manière qu'ils dussent se retrouver tous, à l'expiration des trente-six ans, en mesure de réclamer simultanément leur liquidation intégrale; mais il est constant, d'après tous les calculs, en prenant les termes les plus bas, que leur nombre sera alors réduit de moitié par l'effet des morts, des désertions, des abandons, des liquidations anticipées.

Voilà donc l'équilibre des 150 francs rétabli au moins

d'une manière apparente. Toutefois, il importe, afin de prévenir des mécomptes, de faire attention que si les liquidations anticipées, même ayant égard au *minima*, déchargent la caisse d'un côté, puisqu'elles ne prennent que 50 francs en terme moyen, tandis que le terme moyen des pensions doit être de 150 francs, elles lui portent préjudice, d'autre côté, par la cessation prématurée aussi des versements de la part des pensionnés. Il serait difficile et même impossible d'évaluer le déficit qui en résultera, faute de documents acquis. Ne craignons pas de l'exagérer, c'est le plus prudent, et supposons-le, si vous voulez, de 40, et même de 50 millions, si exorbitant que cela puisse paraître.

Nous aurons pour combler cet énorme déficit, qui, d'ailleurs, s'atténuera de jour en jour par les extinctions, les 60 millions que continueront de verser les 4 millions de nouveaux souscripteurs.

On mangera ainsi successivement le fonds de la caisse, s'écriera-t-on peut-être alors, non pas vous, monsieur, vous comprenez trop bien les choses pour cela; mais des hommes moins expérimentés que vous peuvent le croire et le dire. C'est à eux qu'il faut répondre.

On ne mangera pas le fonds de la caisse, car ce fonds sera constitué incommutablement par les 6 milliards, et il n'a pas besoin de s'accroître tant que le nombre des pensionnaires ne s'accroîtra pas, puisqu'il peut suffire, moyennant le concours successif d'une portion des nouveaux versements. Nous voyons même qu'il pourra encore encaisser chaque année largement une dixaine de nouveaux millions, lesquels, au bout d'une seconde période de trente-six ans, auront produit un septième milliard. Nous n'avons donc à redouter ni une insuffisance désastreuse, ni cette pléthore de 30 milliards, sous le coup de laquelle vous nous voyez étouffant. Six milliards dans trente-six ans, sept dans soixante-douze, huit peut-être vers la fin de la période séculaire, voilà tout ce que nous avons à prévoir, et trente-six ans, soixante-douze ans, cent ans, accommodent bien des choses. Du moins peut-on dire que ce n'est pas le temps qui manquera.

V.

Monsieur,

Des objections m'ont été adressées sur la difficulté qu'il y aurait d'assimiler les ouvriers dont les salaires sont variables aux employés dont les traitements sont fixes; sur celle qu'on aurait notamment de constater les premiers. Ce sont là des questions d'administration dont la discussion sort du cadre que je me suis tracé. Je puis répondre néanmoins, en peu de mots, qu'il sera aussi aisé de connaître le salaire de l'ouvrier par son livret, qu'il est aisé de connaître le traitement de l'employé par la feuille d'émargements.

Une autre objection plus grave a porté sur les faibles résultats que l'institution procurerait en définitive à l'ouvrier.

Véritablement, la caisse des pensions de retraite ne mettra pas la plupart des pensionnaires à l'abri de tous besoins, mais dans quelle condition sociale trouve-t-on une semblable assurance contre les nécessités de la vieillesse? Que veut-on faire? leur garantir un soulagement qu'il leur serait impossible d'obtenir par leurs seules forces individuelles, ou même par des associations limitées, car rien ne peut égaler les avantages d'une mutualité tontinière partagée entre plusieurs millions d'individus. Chacun ne peut, après tout, recueillir qu'en raison de ce qu'il sème. L'homme qui ne met en terre qu'un grain de riz, ne peut s'attendre à en voir sortir un chêne; et l'ouvrier qui ne s'impose qu'une privation de 1 0/0 sur son salaire, ne peut raisonnablement prétendre à recevoir ce que reçoit l'employé qui supporte une retenue de 5.

On aurait mauvaise grâce après tout, d'adresser particulièrement au système éprouvé que je propose de substituer à tous les projets purement théoriques soumis à l'Assemblée Nationale, le reproche d'insuffisance, puisqu'il double et va dans certains cas, celui des *minimâ*, jusqu'à décupler les résultats promis par ceux-ci. Vous aurez sans doute reconnu, monsieur, qu'aucun de ces projets, non plus que le système des pensions administratives lui-même, malgré son excellence, n'enferment le germe de ces *minima*, qui seront peut-être le bienfait le plus apprécié par le pauvre, malgré sa modicité. Cette modicité, on peut dire qu'elle a aussi sa moralité. Tout légitime qu'il soit d'avoir égard aux accidents et aux maladies causés par le travail, il y aurait abus à porter certains individus, à s'y exposer par calcul, dans l'espoir qu'à l'aide d'une criminelle imprudence, ils pourront être dispensés de travailler pour le reste de leurs jours. Cette considération n'exclut pas, on le conçoit, les améliorations dont la prospérité de la caisse pourrait offrir ultérieurement la possibilité.

Il me reste à parler d'un dernier point qui n'est pas le moins important.

Le gouvernement a proposé l'allocation de 100,000 primes de 25 fr., aux ouvriers ayant déjà versé une somme de.... pour les encourager. Vous estimez qu'on fonderait de la sorte « un principe dangereux, celui de « mettre à la charge de l'État le fardeau de la vieillesse « des individus; qu'aujourd'hui, on poserait le principe « en se contentant d'un chiffre faible, et que dans dix « ou vingt ans, sur la proposition de quelque démago- « gue menaçant, au principe modestement posé, on « ajouterait des chiffres énormes. Le peuple de Rome « n'exigeait-il pas de ses flatteurs sous la République, « de ses tyrans sous l'Empire, qu'on le nourrît et qu'on « l'amusât?... Dans tous ces systèmes, on prend à des « pauvres pour donner à d'autres pauvres, avec mille « chances de mal faire, de se tromper... »

La commission qui a choisi pour organe M. Benoist (d'Azy), a bien un peu aussi redouté le mal; mais moins absolue ou moins craintive, elle se borne à tenter de lui opposer une barrière plus ou moins infranchissable. Selon elle la prime serait exclusivement destinée à accroître la portion des hommes parvenus à l'âge de quarante-cinq ans, à l'époque de la mise à exécution de la loi, pour suppléer au temps qui leur manquerait.

De deux choses l'une. Ou ces ouvriers appartiennent aux classes mal rétribuées, et alors ces 25 fr. ajoutés aux modestes versements qu'ils pourront faire durant un très petit nombre d'années seront peu productifs :

Ou ils appartiennent aux classes à qui de forts salaires permettaient de faire des économies, et l'on se demande pourquoi la société se chargerait de les dédommager de leur imprévoyance.

La confiance que ce serait une mesure transitoire repose sur une erreur. Il y aura toujours des hommes de quarante-cinq ans en retard du côté de l'économie pour réclamer la prime, et ce ne seront pas les moins ardents.

Dans le système que j'ai développé, la prime est complètement inutile à quelque âge qu'on entre dans l'association, puisqu'il suffit d'y avoir concouru pendant dix ans pour avoir droit à une liquidation proportionnelle, et au *minimum* si elle ne l'atteint pas.

Cependant si, dans une vue d'humanité que je ne veux point combattre, l'Assemblée nationale croit devoir admettre le système des primes, ne seriez-vous pas d'avis, monsieur, qu'on en ferait un meilleur emploi en les réservant pour suppléer pendant un temps déterminé, dix ans, par exemple, à *l'impossibilité constatée* où seraient certains ouvriers par suite de la vilité de leurs salaires, ou de leurs charges de famille — légitime, bien entendu, — d'effectuer ses versements? Ne pourraient-elles pas être encore des récompenses accordées à la bonne conduite? Il n'y aura jamais préjudice à la société dans les sacrifices qu'elle fera pour de semblables causes, tout au contraire. Ce serait de l'argent bien placé; et cette direction donnée aux 100 mille primes permettrait en outre de les répartir sur le budget de manière à rendre l'addition presque insensible.

Si enfin ce mode d'emploi paraît encore offrir des inconvénients, le plus simple serait de verser en dix annuités les 2 millions 500,000 fr.. montant de ces primes, dans la caisse, pour constituer son premier fonds, afin d'assurer le service des liquidations anticipées. Ils auraient en effet produit dès, la dixième année, un capital de 2,900,000 fr., donnant un revenu de 145,000 f. égal à 35,000 pensions réglées sur le taux *minimum* de 50 fr., qui ne peut guère être dépassé à cette première période.

Il paraît être sous entendu par tout le monde jusqu'ici que les frais de l'administration incomberaient à l'Etat, comme font ceux des caisses de retraites administratives, et l'on ne voit pas pourquoi il en serait autrement. Néanmoins, personne ne s'est préoccupé de ce qu'il en coûtera; j'ai tort de parler ainsi : vous y avez vu, monsieur, « la nécessité d'un second bud-« get plus énorme, plus embarrassant que le pre-« mier, objet lui-même de tant de difficultés et de do-« léances, » sans parler des difficultés de la perception et de la gestion. Mais vous partiez alors du principe de la retenue obligatoire, c'est-à-dire du concours universel des 30 millions d'ouvriers et de l'accumulation des 30 milliards que vous aviez supputés.

La réduction de ces chiffres gigantesques aux termes énoncés dans ma quatrième lettre, la simplification du mécanisme de la machine par l'application du système administratif, vous ont peut-être convaincu que ces dépenses et ces embarras ne sortiront point des proportions données par la gestion des caisses d'épargne. Le mouvement annuel des fonds et des opérations sera même moins considérable, puisqu'il ne se compliquera point des retraits.

Au moment de terminer, on me fait observer, monsieur, qu'après avoir qualifié, en plusieurs endroits de votre rapport, l'idée des pensions de retraite d'*extravagance*, et d'*immense* folie, vous dites pourtant : « Si l'on « veut sortir du système de la retenue obligatoire pour « entrer dans le système de la retenue facultative, nous « n'y verrons pas les mêmes objections. » Mais vous ne faites cette concession qu'avec un regret évident, puisque le rapport ajoute presque aussitôt que si, par ce moyen, l'impossibilité devient moins grande, ce ne sera qu'en raison de ce qu'on atteindra moins le but de l'institution.

Ce ne sera donc toujours, dans la pensée de la commission, qu'un leurre, une déception, un avortement.

Je désire avoir démontré d'une manière assez évidente, pour vous convaincre, ainsi que la commission, qu'il est possible de donner aux classes laborieuses quelque chose de mieux.

Lorsque j'ai entrepris cette tâche laborieuse, je n'ai pas été guidé par le désir de flatter des passions, entraîné par des sympathies : j'ai examiné, j'ai calculé, je me suis renseigné, ne me fiant pas à ma propre expérience. J'ai retourné la question en tous sens pour l'examiner sous ses diverses faces, et ce n'est qu'après avoir procédé avec une attention scrupuleuse, que j'ai pris la plume.

J'ai été le premier de tous, quand les pavés de Février n'étaient pas encore rentrés en leur place, quand nous étions encore privés du secours de votre magnifique parole, à crier aux travailleurs : VÉRITÉ ! Je ne démentirais pas mon passé pour les tromper aujourd'hui par des hypothèses qui me paraîtraient quelque peu hasardées. La matière est trop grave pour risquer de pareilles témérités, et d'un autre côté, la situation est trop ardente pour qu'il soit possible de se rendormir dans un *statu quo* qui n'a duré que trop longtemps.

Vous êtes un des hommes les mieux faits pour répandre la lumière sur ces brûlantes questions. C'est dans la confiance que votre admirable talent ne leur fera pas défaut au dernier moment, que j'ai pris la liberté de vous écrire ces lettres.

Un dernier mot maintenant pour résumer le système, sur lequel j'appelle votre attention, et je termine.

— Versement pendant trente-six ans de 1 p. 100 sur le salaire, par la voie de cotisations ou retenues, volontaires dans leur principe : Perte des droits, non encore liquidés, si les versements viennent à s'interrompre : Faculté de reprendre ces droits au point où l'on les a laissés en rouvrant la série des versements.

— Réalisation, au bout de ces trente-six ans, d'un capital de 6 milliards, au revenu de 300 millions, doublé pour ceux qui y participeront par l'effet de la tontine.

— Liquidation, après les trente-six ans révolus, d'une pension incessible et insaisissable égale au dixième du salaire moyen des (?) dernières années.

— Reversibilité, en cas de décès du titulaire, de portion de la pension liquidée ou de celle à laquelle il aurait droit sur sa veuve ou ses enfants, âgés de moins de quinze ans, sans que les deux parts réunies puissent excéder la moitié de cette pension, ou être au-dessous du *minimum* de 50 fr., et moyennant que le mariage remonte au moins à cinq ans.

— Faculté de liquider la pension de l'ouvrier devenu infirme ou invalide par suite de son travail, avant d'avoir accompli le terme de trente-six ans, pourvu qu'il ait déjà effectué des versements pendant dix ans au moins; cette liquidation réglée à raison d'un trois cent soixantième du salaire pour chaque année de versement, de manière pourtant qu'elle ne descende jamais au-dessous du même *minimum* de 50 fr.

— 2 millions 500,000 fr. de subvention accordés par l'État en dix années, soit comme fonds de caisse, soit à titre de primes en faveur soit des travailleurs hors d'état, par la modicité de leur salaire ou leurs charges de famille, d'opérer régulièrement leurs versements proportionnels, soit des travailleurs les plus méritants par leur bonne conduite.

— Placement successif des fonds réalisés en achat de rentes sur l'État au taux de 5 p. 100 garanti, ou en cas d'impossibilité momentanée, en prêts hypothécaires à longs termes au même taux de 5 p. 100. Il est à désirer que ces prêts ne soient assujettis qu'au droit fixe pour l'enregistrement.

Ce n'est pas une codification que je formule, ce sont seulement des bases générales que je rappelle dans leur ensemble, afin qu'on les saisisse mieux. Il ne m'appartenait pas de faire plus. Je souhaite qu'on trouve, vous, monsieur, avant tout autre, que je n'ai pas déjà fait trop.

Veuillez agréer, etc.,

J. P. SCHMIT.

Paris. — Imp. et Lith. MAULDE ET RENOU, rue Bailleul, 2.

3758 Paris. — Imp. de Maulde et Renou, rue Bailleul, 9-11.

www.ingramcontent.com/pod-product-compliance
Ingram Content Group UK Ltd.
Pitfield, Milton Keynes, MK11 3LW, UK
UKHW012118240726
13965UKWH00005B/1821